ANCIENS INVENTAIRES

INÉDITS

DES ÉTABLISSEMENTS NATIONAUX DE SAINT-LOUIS DES FRANÇAIS
ET DE SAINT-SAUVEUR IN THERMIS, A ROME

PAR

L'ABBÉ X. BARBIER DE MONTAULT

Historiographe du diocèse d'Angers.

PARIS

LIBRAIRIE DE CHARLES BLÉRIOT,

55, QUAI DES GRANDS AUGUSTINS.

1861

ANCIENS INVENTAIRES INÉDITS

Arras, typ. ROUSSEAU-LEROY, rue Saint-Maurice, 26.

ANCIENS
INVENTAIRES

INÉDITS

DES ÉTABLISSEMENTS NATIONAUX DE SAINT-LOUIS DES FRANÇAIS
ET DE SAINT-SAUVEUR IN THERMIS, A ROME

PAR

L'ABBÉ X. BARBIER DE MONTAULT

Historiographe du diocèse d'Angers.

PARIS

LIBRAIRIE DE CHARLES BLÉRIOT,

55, QUAI DES GRANDS AUGUSTINS.

1861

ANCIENS INVENTAIRES

INÉDITS

DES ÉTABLISSEMENTS NATIONAUX DE SAINT-LOUIS DES FRANÇAIS
ET DE SAINT-SAUVEUR IN THERMIS, A ROME.

———

La France compte à Rome sept établissements qui lui appartiennent en propre et sont placés sous sa dépendance immédiate, tant au spirituel qu'au temporel[1]. Le principal et le plus important, parce que son clergé est plus nombreux[2] et ses revenus plus considérables[3], porte le nom du patron de la France, saint Louis. Un autre, moindre et inférieur sous tous rapports, lui est annexé. Il doit le surnom de *in Thermis*, ajouté à son vocable Saint-Sauveur, aux *Thermes* de Néron, sur l'emplacement desquels il a été construit.

Ces deux seuls établissements seront l'objet de cette Notice, car à eux seuls se rapportent les trois documents manuscrits et inédits trouvés par nous dans les archives de Saint-

[1] V. *Notice sur l'état de l'église de Saint-Louis des Français à Rome, au XVII⁰ siècle*, p. 20. — *L'Année liturgique à Rome*, p. 218.

[2] Il se compose de douze chapelains, y compris le *supérieur*, le *sous-supérieur*, le *sacriste*, le *bibliothécaire* et l'*économe*.

[3] On les estime à 125,000 fr.

Louis, et communiqués avec tant de bienveillance, pour en prendre copie, par notre parent M. le prince de la Tour-d'Auvergne, alors que, premier secrétaire de l'ambassade française à Rome, il faisait partie, en cette qualité, du triumvirat qui *administre* les établissements nationaux de la France.

Ces trois pièces, que nous publierons intégralement et auxquelles nous conserverons leur orthographe ancienne, autant que les procédés typographiques le permettront, vont être étudiées et soigneusement annotées sous ces trois titres et dans l'ordre suivant :

I. Inventaire du mobilier de l'église et hôpital de Saint-Louis-des-Français, 1525.

II. Décret de la visite apostolique au sujet de Saint-Louis, 1626.

III. Inventaire de la sacristie de Saint-Sauveur, 1649.

I.

L'*Inventaire* de 1525 se compose de douze pages in-folio de papier jaunâtre, fatigué par l'humidité. Il est écrit en gothique carrée cursive.

Notons d'abord les noms des étoffes, dont sont faits les vêtements qui servent au culte. Nous y lisons : la *soie*, le *satin*, la *sarge*, le *tabit*, la *futaine*, la *toile*, le *taffetas*, le *camelot*, le *damas*, le *velours*, la *moyre*, le *brocart* et *la brocatelle*.

Les couleurs liturgiques, fixées depuis définitivement par le Missel de saint Pie V (1570), étaient le *blanc*, le *violet*, le *rouge*, le *bleu-ciel*, le *noir*, le *vert*, le *gris*, la *rose sèche*, l'*azur* et l'*incarnat*.

Le mélange des couleurs entr'elles ou plutôt leur superposition ou leur juxtaposition produit des rapprochements tels que ceux-ci : *noir* et *or*, *noir* et *rouge*, *vert* et *rouge*, *noir* et *blanc*, *or* et *rouge*, *violet* et *or*, *rouge* et *blanc*, *violet* et *blanc*, *rouge* et *bleu*, *blanc* et *incarnat*, *violet* et autres couleurs, *violet*, *jaune* et *blanc*, enfin *bleu*, *rouge* et *vert*.

Les doublures assortissent ainsi avec les étoffes : *blanc* et *bleu*, *noir* et *bleu*, *blanc* et *rouge*, *blanc* et *violet*, *rouge* et *blanc*, *rouge* et *or*, *incarnat* et *violet*.

L'*Inventaire*, écrit par *Gilles Tierri*, *clerc du diocèse du Mans*, et *sacriste* de Saint-Louis-des-Français, est rempli d'*italianismes*, c'est-à-dire que probablement assez peu familiarisé avec sa langue maternelle par son long séjour à Rome, où il n'entendait parler qu'italien, il a *francisé* à sa façon des termes italiens dont il ne connaissait plus les équivalents dans sa propre langue. Son tour de phrase même est italien. Nous signalerons au fur et à mesure toutes ces petites particularités qui donnent à l'inventaire de 1525 une teinte locale fort originale.

Suit maintenant le texte des 156 articles qui, au XVI⁰ siècle, formaient le riche trésor de la première de nos églises nationales à l'étranger, trésor aujourd'hui dispersé et vendu d'une église négligée et sans gloire, car tout son passé est loin derrière elle, fondations et souvenirs.

Die Veneris sexta januarij 1525 die Epiphanie finitis vesperis in sacristia fuit factum Inuentarium. Tum est Egidius Tierri clerics Cenomanen ¹.....

Inuentoire des biens meubles estans et apartenans a la vene-

---

¹ Nul diocèse n'a peut-être fourni autant de chapelains à Saint-Louis que le diocèse du Mans. De nombreuses épitaphes disséminées dans le pavé ou sur les murs de l'église confirment ce que prouvent les textes par ailleurs.

rable ¹ esglise et hospital ² de Sainct Loys ³ de la nation francoyse
a Rome. Lequel Inuentoire fut fait et ordonne par mess™ Lazaro
Cornesij precepteur de lesglise de Nice et Nicolas Rogeti ⁴ cler du
diocese de Langres. Recteurs ⁵ de lad. esglise en lan /1524/.

Et premierement les argenteries.

Vne grande croix dargent la ou sont escriptes ces lettres J. N.
R. J. ⁶ et fut faite au despens de la venerable confrarie ⁷ de la

¹ La Chancellerie romaine affecte de donner à certaines églises, des titres
honorifiques en raison de leur importance ou de leur ancienneté. Saint Louis
a toujours été qualifié de *vénérable :* « Venerabilis ecclesia et hospitium
Sancti Ludovici nationis Gallorum de urbe. »

² Il existait à Saint-Louis un *hospice* où les *pauvres* pèlerins français qui
venaient à Rome visiter le tombeau des saints Apôtres étaient hébergés trois
jours et trois nuits, et un *hôpital* où, malades, ils recevaient des soins em-
pressés jusqu'à leur retour à la santé. — Les autres nations catholiques qui
ont conservé à Rome leurs hospices et leurs hôpitaux font honte, je ne dirai
pas à la France, mais à l'administration qui, au commencement de ce siècle,
a supprimé ces fondations pieuses, sans compensation aucune.

³ M. Génin a fort bien démontré, dans ses curieuses observations sur la
langue française, que la vraie orthographe du nom de Louis est l'ancienne
Loïs ou *Loys*, car la voyelle *u*, quoique non écrite, se prononçait comme elle
se prononce dans *loin*, *lointain*, où l'usage ne l'a pas admise.

⁴ Forme italienne, qui consiste dans l'addition de la lettre I à la fin du nom
français *Roget*.

⁵ De ces deux *recteurs*, d'origine française, que mentionne encore l'Inventaire de 1618, l'un *régissait* la paroisse, le spirituel de Saint-Louis, et l'autre
la sacristie, les biens, le temporel de l'établissement.

⁶ *Jesus Nazarenus rex Judæorum.*

⁷ A chaque paroisse de Rome est attachée, incorporée une confrérie laïque,
sous le patronage du Saint-Sacrement, de la sainte Vierge ou du Saint le plus
vénéré dans l'église paroissiale, et sous la direction du curé et d'un Cardinal-
protecteur délégué à cet effet. La confrérie de Saint-Louis était sous le vocable de la Conception de la Sainte-Vierge, comme l'église dont elle dépen-
dait. — J'ignore pourquoi, au lieu de se conformer aux exigences du vocable,
Bassano a peint l'*Assomption* au retable du maître-autel. « Le grand tableau
de l'Assomption de Nostre-Dame qui est sur le grand autel ha esté donné par
le Cardinal Contarel : il ha esté faict par un peintre nommé il Bassano. »
(Inv. de 1618).

conception n̄r̄e dame estant en lad. esglise. Le pied est de boys dorez.

Item vne aultre petit croix d'argent la ou despainte [1] les armes de la bonne mémoire [2] du Cardinal Sainct Denys [3], et y sont ces armes auec ces parolles escriptes. A Dieu tout / et vne petit croisette par trauers et y ait vng escripteau de certainnes reliquies [4] de Sainct Denys mais lesd⁽ᵉˢ⁾ reliquies n'y sont poynt et ny estoient pas en lan 1515, quand fut faict laultre Inuentoire [5].

Item vng tabernacle [6] dargent a porter le corps de n̄r̄e s⁽ʳ⁾ et au pied diceluy y ait en escript / Guillus Galcin de Borbonilla Car⁽ˡⁱˢ⁾ Auinionen [7], et est de longueur de deulx paulmes [8] ou enuiron et fut lajsez a lad. esglise par led. Cardinal en l'an 1462.

Item vng aultre tabernacle dargent rond pour conserve de leucaristie lequel est en la custode [9] du corps de n̄r̄e s⁽ʳ⁾ et le Cure [10] en ait l'administration.

---

[1] Cette *peinture* sur argent indique simplement que les armes du Cardinal de Saint-Denis étaient gravées ou repoussées.

[2] *Italianisme.* L'on dit encore à Rome *la buona memoria del cardinale* et non, selon l'usage de France, *le cardinal, de bonne ou d'heureuse mémoire.*

[3] Gilles de Roucy, abbé de Saint-Denis, fut créé cardinal par Clément VI, en 1344. Il mourut Légat du Saint-Siége en 1351. Frizon, dans sa *Gallia purpurata*, p. 355, lui donne pour armes, sans indication d'émaux, *une croix alésée et fleurdelisée.*

[4] En italien, *reliquie.*

[5] Cet *Inventoire* de 1515 a disparu et il m'a été impossible de le retrouver.

[6] Jusqu'au XVII⁽ᵉ⁾ siècle la forme de *tabernacle* prévaut pour l'ostensoir en Italie, quoique dès le siècle précédent, Raphaël, dans son admirable fresque de la *Dispute du Saint-Sacrement*, eût inventé l'élément de la forme moderne en *soleil.*

[7] Je n'ai pu rencontrer le nom de ce cardinal ni dans la *Gallia purpurata*, ni dans la *Gallia Christiana.*

[8] La mesure italienne est la palme, *palma*, dont le type est dans la *paume* de la main, par une espèce d'antithèse avec la mesure française qui se conformait, dit-on, au *pied* de l'empereur Charlemagne.

[9] Ciboire.

[10] Saint-Louis, paroisse dès l'époque de sa fondation (1478), a perdu ce privilége en 1840.

Item vng aultre tabernacle a porter le corps de n̄re s̄r aux malades. et la couuert est de cristal forny dargent dore [1] / de poix sans le couuercle de vnze sept, et vng..... quart et demy douze.

Item vng grand aubenoytic dargent auec son asperges [2] aussy dargent la ou est despainte lymage de n̄re Dame auec certaines fleurs de lys, et au pied sont escriptes ces lettres C. B. M. E. S. L./ id est confraternitati beate Marie [3] de poix liurez quatre et onzes deux.

Item vng bassin dargent la ou est painte lymage de n̄re dame / poiz de liure vne et demie vne demie onze vne octaue de onze.

Item vng encensier auec ces touretes [4] et quatre chaînettes et au dessus est vne fleur de lys dorée [5] et le tout est dargent / de poyx liurez troys et neuf onzes.

Item vne nauicelle [6] auec sa couuerture tout dargent en laquel est painte lymage de n̄re dame et y ait heu vne piece rompue du pied laquel a le sacristain / de poix de vne liure et deux onzes.

Item deux ampouletes [7] dargent lune a mettre le vin et laultre leau a celebrer messes, et au dessus dune chascune y ait vne fleur de lys dargent et y sont escriptes ces lettres c. b. M. e. s. L. / de poix dune liure et deux onzes.

Item deux aultres ampoulettes de cuire [8] smaltee [9] dor et azure, lesquelles furent donnees a lad. esglise par mons̄r Piere Lambert en l'an **1518**, poix de livres neuf et onzes deux.

---

[1] Les *tabernacles* de cette espèce sont si rares qu'il n'en est parvenu qu'un à ma connaissance. Il fait partie de l'incomparable collection de M. Mordret, à Angers.

[2] Vase à eau bénite et aspersoir.

[3] Le sacristain aurait dû continuer, puisqu'il avait si bien commencé, l'interprétation des trois dernières initiales qui signifient *Ecclesie Sancti-Ludovici*.

[4] Petites tours dans lesquelles passent les chaînes.

[5] L'emploi si fréquent des fleurs de lis est motivé par la protection des rois de France et le vocable de saint Louis, second patron de l'église.

[6] Navette à encens, en italien *navicella*.

[7] Burettes, en latin *ampulle*, et, par diminutif en italien *ampullette*.

[8] *Sic* pour cuivre.

[9] Émaillée, de l'italien *smaltata*.

Item deulx chandeliers dargent de haultesse de troys paulines ou
enuiron auec les pieds faictz en forme de pieds de lyon et aulx pieds
d'un chescung sont les ymages de n̄re dame et sainct Loys auec les
armes du Roy tres crestien, poix de liures neuf et onzez deux [1].

Item vne paix [2] tout dargent dorez la ou sont paintes les ymages
de la vierge marie et sainct loys et deulx anges et vng agnus dej [3]
au milieu / poix de vne liure et vne onze.

Item vne petite figure dhomme dargent [4].

Les Calices.

Vng grand calice auec la patenne tout dargent de carlyns et
dorez de fin or de ducatz portugalez [5] lequel poyse libure / on̄ 7
gr. 18 [6] et y furent mis en la dorure cinque ducatz dor en or de por-

---

[1] Pour abréger, j'omets l'énumération de douze *chandeliers de cuyure*. —
Les deux chandeliers armoriés montrent suffisamment qu'on ne dépassait pas
ce nombre sur les autels. Un peu plus tard, Paul III Farnèse commandait également deux chandeliers à Michel-Ange pour l'autel papal de la basilique Vaticane. Quand Urbain VIII eut élevé son splendide et gigantesque baldaquin
de bronze sur la Confession de Saint Pierre, le *Cérémonial* avait changé et au
lieu de deux, il en fallait six, plus un septième pour la Messe du Pape.
Urbain VIII en confia l'exécution au Bernin qui, pour consacrer la mémoire
de son bienfaiteur, fit voltiger sur les rinceaux des tiges et des pieds de ses
nouveaux chandeliers, les *mouches à miel* de la famille Barberini.

[2] La *Paix*, aux termes mêmes du *Cérémonial des Évêques*, n'est portée
qu'aux laïques nobles ou exerçant une haute fonction : les ecclésiastiques
doivent s'embrasser au chœur.

[3] C'est après le chant de l'*Agnus Dei... dona nobis pacem* que la paix est
présentée ; il était donc tout naturel de choisir l'*Igneau de Dieu* pour sujet
d'un instrument de paix. Si les artistes savaient s'inspirer des textes liturgiques, que de méprises ils éviteraient et quelle heureuse harmonie ils établi-
raient entre les cérémonies, les objets du culte et les paroles que l'Église met
à la bouche du prêtre ou des fidèles !

[4] Offerte peut-être en ex-voto, par reconnaissance, à la suite d'une guérison
demandée et obtenue.

[5] Il paraît qu'à cette époque, l'argent des carlins et l'or des ducats portu-
gais étaient estimés les meilleurs et les plus purs de tout alliage.

[6] L'estimation est faite par *onces* et *grains*.

tugal au pied dicelny sont les ymages du crucifix en la crois et dune part de lad. nre dame et sainct Jehan de laultre / [1] auec les testes de sainct Pierre et sainct Paul et est estimez led[t] calice, **xxxvj** ducatz de carlins ou enviroп en contant la façon et fut fait à la fin de l'an **1524** estantz Recteurs Messrs Nicolas Rogeti chanoyne de Toul et Lazaro Cornesio precepteur en lesglise de Nice.

Item vne aultre calice la coupe duquel est dargent et le pied et la patene de cuyure le tout dore dor lequel en **1525** donna a lesglise de nre S. L. [2] monsg[r] laud[teur] de la chambre [3] M[r] Pierre de Chumtys / du poix de liures deux [4].

Les chasubles.

Vne grande chasuble blanche d'imbrocatello et deulx dalmatiques de soye blanches auec les bandes dor [5] et furent donnez par les executeurs de la bonne memoire du cardinal sainct Denys et y sont ces armes auec le manipule et stolle [6] du mesme jmbrocat et la caincture.

Item vne aultre chasuble de soye pauonache [7] obscure figuree dimbrocato auec la stolle et le manipule et la saincture de soye moyre [8] et fil dor meslee auec huyt beaulx boutons de fil dor petitz et gros aueq leurs franges desoubz de fil dor et soye et le manipule a treze boutons de fil dor pendants et la stolle a xiiij bou-

---

[1] Ces barres, légèrement obliques, tiennent lieu de ponctuation dans le manuscrit.

[2] Saint Louis.

. [3] Un des premiers postes de l'administration temporelle de l'État pontifical.

[4] Nous ajouterons avec l'Inventaire, trois calices d'argent doré et quatre à coupe d'argent, pied et patène de cuivre.

[5] Orfrois.

[6] De l'italien *stola*, étole.

[7] En italien *pavonazzo*, variété du violet.

[8] L'usage de ces *ceintures de moire, de couleur variable selon les fêtes*, remplaçant les *cordons* prescrits par la rubrique du Missel, s'est maintenu dans plusieurs diocèses de France. Il n'existe nulle part à Rome. J'en concluerais presque l'importation d'un pays en l'autre.

tons semblables [1] auec ses franges de soye pauonache et fil dor /
en laquel sont des ymages deuant et derrière et les armes dud[t]
cardinal s. Denys [2].

Item vne aultre chasuble auec deulx dalmatiques et stolle et manipule / de soye figuree de roses de diuerses couleurs et y sont les
armes de la bonne memoire du cardinal de Rouen [3] sont vielles.

Item vne chasuble de velour rouge figures auec la stolle et le
manipule et sont vielles et de peu de valeur.

Vne chasuble de damas céleste fource [4] de tafeta rouge auec la
stolle et le manipule.

Vne aultre chasuble de damas rouge auec les fleurs de fil dor et
la stolle et manipule et y ait escript ludouicus le guerte /

Vne aultre chasuble auec deulx dalmatiques et deulx stolles et
troys manipuls de velour noir et listee [5] d'imbrocat dor et ont
este faictes par ceulx de la confrarie n̄re dame / auec huyt boutons
et dalmatiques de fil dor et soye noire.

Item vne aultre chasuble auec la stolla et le manipulo de velour

---

[1] Il est curieux pour l'histoire du costume d'église de noter ces *boutons
frangés* à la ceinture, au manipule et à l'étole. Déjà les sculptures du Moyen
Age nous avaient révélé cette particularité qu'il ne faut pas ranger parmi les
caprices des artistes, qui souvent inventent des formes qui n'ont point existé.

[2] Au temps où vivait le cardinal de Saint-Denis, les *armes* se plaçaient sur
la chasuble, à Rome, à la hauteur de la poitrine, à l'intersection de la croix
avec sa traverse; en France, d'après un vitrail de la cathédrale de Tours,
elles alternaient sur la face antérieure de la chasuble, avec des broderies per-
lées, et étaient répétées sur la tête, les bras et la tige de la croix.

[3] Voici les *armes* du cardinal de Rouen telles qu'elles ont été sculptées et
peintes à Rome dans la basilique de Sainte-Marie-Majeure et l'église de
Saint-Augustin : *écartelé · aux 1 et 4, burelé d'argent et de gueules de dix
pièces au lion de sable brochant sur le tout*, qui est d'Estouteville ; *aux 2 et
3, de gueules à deux fasces d'or*, qui est d'Harcourt ; *sur le tout, de France.*
Guillaume d'Estouteville, créé cardinal par Eugène IV (1439), occupa suc-
cessivement ou simultanément le titre de Saint-Sylvestre et de Saint-Martin-
des-Monts, l'archevêché de Rouen (1452), comme doyen du Sacré-Collége,
l'évêché suburbicaire d'Ostie et fut camérier de la sainte Église Romaine.

[4] Doublée, en italien *foderata*.

[5] De l'italien *listata*, à *litres*, bandes d'or.

noire bandee dimbrocate rouge et doublee de toille celeste et la donna M. Antoyne Goffredj [1].

Vne aultre chasuble auec la stolla et le manipulo de velour vert et les bandes rouges.

Vne chasuble de soye de diuerses coulleurs, la ou est despaynt vng gril [2].

Deulx dalmatiques de fustaynne noyre.

Vne chasuble de soye rouge auec la stolle et le manipule daultre couleur ont este racoustree et valent peu.

Vne chasuble de fustaynne blanche neufue fouree de toille celeste auec la croys, de couleur jncarnate et la stolla et le manipulo et vne aube et lamicte / et sont accutumes destre tenus en la chappelle du Saluateur [3] de Thermes.

Vne chasuble de toille verde et la croix rouge, et le manipule et la stolla et laube et lamicte.

Item deulx tuniques ou dalmatiques a diacre et soubdiacre de satin cramoysy, auec les listes de ruban dor lesquelles furent donnees alad. esglise par maistre Guillaume Journet du diocese de Valence fournies en Rome bienfacteur et bon zelateur de lesglise et hospital de sainct Loys et furent donnee le jour de la solempnitez de tous les Saincts. Lan 1524 /.

Item troys cintures de soye deulx noires et laultre de diverses couleurs, auec aulcuns boutons de fil dor et de soye.

Item deulx dalmatiques de damas pauonace auec la stolle et manipule / faictes par les confreres de la compaignie n̄re dame.

Item vne chasuble et deulx dalmatiques auec les maniples et deux

---

[1] Le XVIe siècle est, en liturgie, une époque de transition, où des formes nouvelles commencent à poindre, où d'anciennes ne sont point encore abandonnées. Pour les cérémonies funèbres, d'accord en cela avec les vignettes des *Livres d'Heures*, le noir domine déjà, mais le rouge et le bleu, autrefois couleurs mortuaires, persistent encore, et notre texte les mentionne employées en orfroi ou en doublure. Comme en Italie et conformément aux prescriptions de la S. Congrégation des Rites, orfrois d'or ; comme en France, de nos jours, orfrois blancs.

[2] Par allusion peut-être au nom du donateur Laurent, ou pour servir le jour de la fête du saint Martyr.

[3] En italien *Salvatore*.

estolles et les armes de Monsgr[1] le card. de Rouen de la maison de Stouteville[2] / le tout de damas blanc.

Item deulx aultres dalmatiques semblables de damas blanc sans estolles et maniples et sans armes.

Paremens[3] à mectre deuant les autez.

Vng parement dymbrocat dor mesle de velours rouge et figures de roses grandes dor.

Vng parement de velour pauonazo et jmbrocat figure de or auec les armes[4] de feu Richart de la Baulme, orfeure lequel le donna a lesglise en lan 1518.

Vng parement de velour noir auec lymage de la Conception n̄re dame lequel fit faire la confrairie de lad. Conception.

Vng parement de damas vert auec les franges dor et soye pauonache doublez de toille et fut donne a lesglise par madona Catherine Florentine en lan 1518.

Vng parement de damas blanc donne par madona Cristofora Romana.

Vng parement de damas rouge auec les roses de fils dor la ou est escript Ludouicus le Guerte[5].

Vng parement de velour noir auec les armes de la bonne mémoire du cardinal sainct Denys.

---

[1] Nos usages percent partout. Nous appelons indistinctement *Monseigneur* le Prélat, l'Évêque, et le Cardinal. A Rome, on dit *Monsieur le Cardinal*, pour ne pas rabaisser la dignité cardinalice au niveau de la prélature.

[2] En italien *de Stutevilla*, nom que le trop léger cardinal d'Estouteville a transmis à une postérité qui ne s'est point éteinte dans le royaume napolitain.

[3] *Paramentum*, terme liturgique consacré d'une manière fixe par la tradition, à laquelle ne prennent pas garde les liturgistes modernes qui écrivent *devant d'autel*.

[4] Je ne connais pas de parement d'autel armorié antérieur à la fin du XVIe siècle. Alors, comme au temps de Boniface VIII, selon l'Inventaire manuscrit de la cathédrale d'Anagni, les armoiries, placées aux deux extrémités du parement, accompagnaient la croix centrale à droite et à gauche.

[5] L'inscription se brodait au frontal du parement, à en juger par les paremeents de Clément X à Sainte-Marie-Majeure et d'Alexandre VII à Saint-Jean de Latran.

Vng parement de couleur pauonache meslez dimbrocat et est de diuerses couleurs et de longueur de dix paulmes ou enuiron.

Vng parement de sarge noire et aux deux coustez, de damas noir.

Troys aultres parements de peu de valeur pour les jours ordinaires [1] / tous auec leurs franges et aultres garnitures.

Vng parement de damas gris lequel nait poynt de franges, ne aultre garniture alentour.

Les pailles [2] pour les mors.

Vng paille dimbrocat dor fourny tout alentour de velour noir [3].

Vng paille de soye auec les armes de la bonne memoire du cardinal de Rouan [4].

Deulx pailles de fustainne noir auec les croys blanches [5].

Pailles pour la croix.

Vng paille de damas blanc figurez, et doublez de tafeta pauonache auec les armes du roy tres crestien auquel est escript Confraternitas.

Vng paille de velour noir lequel fut fait de velour viel.

---

[1] Voilà la vraie cause qui a fait abandonner en France les parements, c'est qu'ils sont prescrits pour les *jours ordinaires* tout aussi bien que pour les dimanches et fêtes. Bocquillot, le judicieux et spirituel chanoine d'Avallon, ne se trompait pas quand il avançait dans son *Traité historique de la liturgie sacrée* cette phrase mordante : « C'est assez pour déterminer plusieurs clercs séculiers et réguliers qui aiment besogne faite. »

[2] *Pallium* en latin, *pallio*, *palliotto*, en italien, signifient une *couverture*. Cette couverture est mise sur la bière du défunt, au retable, sur l'analogie qui sert à la lecture de l'Épître et de l'Évangile. Drap mortuaire, le *paille* est aussi tenture et doublier.

[3] Tous les draps mortuaires ne sont pas faits autrement à Rome.

[4] Ces armes seraient aux coins, si je puis m'en rapporter à une fresque de la bibliothèque Vaticane, postérieure à cet Inventaire. M. Viollet-Leduc, dans son *Dictionnaire du mobilier*, a fait graver un drap mortuaire autour duquel pendent des écussons découpés.

[5] Ces croix blanches qui écartèlent le drap sont aussi communes en France qu'inusitées en Italie.

Pailles pour lespitre et euangile.

Vng paille de camelot rouge auec les franges doublez de tafeta blanc [1].

Vng autre de velour noir.

Bourse pour les corporaulx.

Vne neufue dimbrocat dor dune part et de l'autre de damas auec les franges et la fist faire la confrairie n̄ṙe dame.

Deulx aultres neufues dimbrocat dung coustez / et de laultre de velour pauonache et y escript Petrus de Bullis [2].

Vne aultre ou est figuree la congrégation des Apôtres.

Vne aultre de velour pauonache auec le nom de J̄h̄ūs en ung soleille [3].

Deulx aultres de velour rouge et en lune y ait vne croix d'imbrocat et en laultre vne croix de satin blanc [4].

Les tapisseries.

Sept grandes pieces de verdures [5] donnee a lad. esglise par la bonne memoire de Benoyst Adam auditeur de la Rotte icy a Rome.

---

[1] Évidemment, ces *pailles* et, plus loin, les *bourses* n'avaient double face, qu'afin de pouvoir servir à deux fêtes de couleur différente et ainsi économiser les frais de deux doublures.

[2] Je possède une bourse de satin rouge autour de laquelle est brodé NOTRE DAME DE RECOUVRANCE, vocable de la chapelle à qui elle fut destinée, au XVII⁰ siècle.

[3] C'est-à-dire le monogramme IHS entouré d'une auréole rayonnante et flamboyante, que les Jésuites n'ont pas inventé, quand ils en firent les *armes* de la Compagnie, mais qu'ils ont pris tout fait par la tradition et déjà emblème des Franciscains réformés.

[4] Je citerai seulement pour mémoire *dix autres* bourses *de diverses couleurs de soye*.

[5] Cette dénomination de *verdures* figure au XV⁰ siècle dans les comptes du château de Gaillon. « On appelait ainsi, dit M. Lacordaire, les tapisseries à paysages, de dernier ordre, comme art, où ne figuraient que des personnages et animaux de très-petite dimension, sans modelé et dégradation de couleur, autrement que par teintes plates. » *Notice historique sur les manufactures des Gobelins et de la Savonnerie*, p. 26.

2

Quatre aultres pieces moyennes la ou est figurez, en chescune vng jardin et vne fontaine au millieu et furent donnees a lad. esglise par la bonne memoire Charle Marie Cheuallier preuost à son viuant de lesglise de Cambray.

Vne aultre piece de tapisserie eu maniere dune portiere.

Troys aultres petits tapis turquesque.

Espalieres [1].

Troys espallieres, et en chescune dicelles sont xxxiij figures tant d'hommes que de femmes.

Buncales [2].

Vng de verdures de longueur de xv paulmes ou enuiron [3].

Les tapis.

Vng tapis a mettre sur la capse en la sacristie.

Vng aultre a mettre soub les pieds deuant le grand autel.

Les baldaquins.

Deulx baldaquins a mettre au-dessus du grand autez, lun est dimbrocatelle blanc auec plusieurs ymaiges de sainctz tout alentour en tafeta rouge et dore et laultre est de certain drap dor despainct.

Les toualles [4] et aultres linges.

Troys touailles grandes de quatre paulmes de largesse.

Item certaines petites touailles labeurees et figurees de diverses filz et sont en somme xiij.

Vng linsceul [5] de v pieces auec les festuces [6] entremis de filz jausne.

Vne piece de toille blanche listee de jaulne es deulx coustez p^{ur}

---

[1] De l'italien *spaliere*; tenture disposée à hauteur d'*épaule*, au dos des bancs ou des stalles.

[2] *Banqiers*, tapis pour bancs.

[3] L'Inventaire en ajoute quatre autres *aussy de verdure*.

[4] Mot usité au Moyen Age pour désigner les nappes de l'autel; en italien *tovalia*.

[5] Drap: en italien *lenzuolo*. En Poitou, les paysans nomment encore leurs draps des *linceuls*.

[6] De l'italien *fetucie*, rubans, galons.

le poulpitre, donnee par vne femme spagnole [1] de la compagnie n̄re dame.

Deulx sugateurs [2], auec les franges de soye de diverses couleurs.

Vne aultre sugateur quasy neufz auec les franges blanches et jausnes.

Vne aultre sugateur subtille [3] auec les franges blanches.

Vne aultre sugateur de bombace [4].

Quatre aultres sugateurs longs et neufs.

Troys parme listate 9 sont desia vieulx.

Sugateurs en tout nombre quarante et deux bons et mauluais.

XIX aulbes de toilles auec leurs amicts et cingulo.

Les coussyns [5] ou orrilliers.

Vng grand dimbrocat dor auec quatre boutons.

Vng aultre dimbrocal figurez auec quatre boutons.

Vng aultre de velour vert auec troys boutons.

Deulx autres de velour roses seiches [6] figurez auec certaines bandes sans boutons et furent donnez par les executeurs de feu Viardj.

Vne aultre dune partie velour azure et de laultre cuyr rouge.

Vng aultre petit de satin rouge auec les boutons fourre de toille brochee dor.

Troys aultres auec des barres blanches et noyres.

Vng aultre grand de damas vert figurez.

Vne aultre de diuerses petites pieces dimbrocat et velour et aultre soyes de diverses couleurs, laboure a roses.

---

[1] En italien *spagnuola.*

[2] En italien *sciugatore,* essuie-mains.

[3] Fin, de l'italien *subtile :* au Moyen Age, en France, *soltis* (V. *Revue de l'Art chrétien,* 1861, p. 276).

[4] Coton.

[5] Les *coussins* ont une triple destination : on les met sur l'autel pour remplacer le pupitre et soutenir le Missel ; quand on porte les morts, la face découverte à l'église, leur tête repose sur un coussin ; et, s'ils sont renfermés dans la bière, ainsi qu'aux jours de service, un coussin marque à l'extérieur, sur le drap mortuaire, l'emplacement de la tête.

[6] Les ornements couleur *rose sèche* sont réservés, dans le rit romain, pour le 3e dimanche d'Avent et le 4e de Carême.

Deulx aultres de toilles blanches labourez tout alentour de soye rouge et sont en la capse [1] des toualles.

Cinque aultres petits de diuerses couleurs dimbrocal et de soye.

Item vng aultre de satin pauonaze et drap jaulne auec roses blanches.

Et quatre aultres qui seru[t] tous les jours de peu valeur.

Les bassyns de cuiure.

Troys grans bassyns et vng petit.

Aultres choses de cuyure |.

Vne campanelle [2] de metal.

Vne nauicelle de fer a mectre lancense.

Vng encensier de fer et certains aultres mechans ferrem[s].

Item vng aubenoystie de metal sans asperges.

Les chappes.

Vne chappe grande de satin cramoysi auec ces offroys et capisiou [3] figures de diuerses figures / auec les armes [4] du card[al] d'Arles [5].

---

[1] *Capsa* en latin, *cassa* en italien, *châsse* ou coffre en français.

[2] Clochette, de l'italien *campanella*.

[3] Capuchon ou chaperon de la chape.

[4] D'or à trois chevrons de sable, au lambel de trois pièces de gueules en chef.

[5] J'emprunte à la vie de Sixte IV le passage suivant qui concerne la création, à Sainte-Marie-Majeure, des cardinaux français Philippe de Lévis, archevêque d'Arles, et de Philippe Ugon, évêque de Mâcon, en 1473 :

« Anno dominicæ nativ. millesimo quadringentesimo septuagesimo tertio, pontificatus secundo, die veneris, nonis maij, Romæ apud Sanctam Mariam Majorem, Papa Sixtus quartus fecit secundam Cardinalium ordinationem, qua octo Cardinales Presbyteros creavit, qui fuere Philippus de Levis Gallus Archiepiscopus Arelatensis Presbyter Cardinalis Sanctorum Galli et Marcellini.. Philippus Vgonuti Gallus Burgundus, Episcopus Matisconensis, Presbyter Cardinalis, tituli Sanctæ Luciæ in Silice. »

Onuph. et Ciacconi, in vita Sixti IV.

La libéralité du Cardinal d'Arles est attestée, dans l'Inventaire de Sainte-Marie-Majeure, par les dons suivants :

« Item unum pallium de damasco azurro foderato cum floribus aureis per

Item vne aultre de tabit blanc / bordure de vellours rouge imbrocat auec son capicion.

Item vne aultre de damas blanc consumee auec son capicion et armes du card[al] de Rouen.

Item vne aultre de vellour figure blanc rouge et vert ad roses [1] auec son capicion et armes [2] dud. cardinal de Rouen.

Vne vielle de soye rouge et céleste labouree [3] ad roses et fort vsee auec son capicion.

Vne aultre aussi vielle de soye de diuerses couleurs labouree auec son capicion.

Vne aultre de soye blanche et pauonaze labouree a diuerses figures / auec son capucin et offroys.

Vne de chamelot noyr auec son cappucin et offroys.

Vne neufue de vellours noyr auec ses offroys et capicion larges de jmbrocat dor et vne n̄re dame au meilleu du capicion / donne par maistre Pierre des Bulles.

Vne de satin jncarnat doublee de tafeta pauonaze donnee par madona Catherine Premontoyse [4] et deux pieces de offroys p[or] parem[t] de aultiers labourez dor de bassin auec leurs franges.

Les biens estantz en la capse du tresor de lesglise.

Premièrement deulx petites cassettes la ou sont plusieurs et diuerses reliques de saincts et vne aultre capsete la ou est despainte limage de sainct Jerosme / et y sont aussy de reliques.

totum cum fimbriis de taffetta cremisino foderatum de boccacino azurro cum armis R. D. Arelaten, in cujus exequijs fecit donatum huic basilicæ.

« Duo candelabra crystallina videlicet de crystallo; ornata argento deaurato, cum pomo in medio, et de crystallo, quæ donavit Reverendis. Dom. Arelaten. primo anno, quando D. Sua fuit assumpta ad Cardinalatum. »

[1] Locution imitée des anciens inventaires. Celui de Boniface VIII dit souvent *laboratum ad rosas, ad aves.*

[2] Au XVIe siècle, les armoiries étaient brodées au bas de chaque orfroi en avant de la chape ; en France, au bas du capuchon (V. Musée de Cluny, n° 2480).

[3] Travaillée, *laborato, lavorato.*

[4] Piémontaise.

Item la tunique et sandale auec les souliers et les gantz, et vng anneau gros de letou dorez [1].

Item vne campanelle dargent.

Item troys cuiliers dargent [2].

Item deux tasses dargent esquelles y ait vne flenr de lys depaint en smalte / auec certainnes l̅res [3] alentour.

Vue aultre tasse dargent sans armes. La pareille perdit le sacristain de lesglise qui estoit en lan 1523, appellez mess. Jaque et luy fut rabatue la valeur dicelle sur son salaire.

Item vne aultre petit tasse dargent auec certainnes armes [4].

Deulx messel en parchemyn [5].

Vng myroy dassier.

II.

Chaque année, N. S. P. le Pape délègue des *Visiteurs apostoliques*, à l'effet de visiter, comme le fait chaque Évêque dans son diocèse, tous les établissements religieux et ecclésiastiques, tant séculiers que réguliers, exempts ou non exempts. Procès-verbal de chaque visite est dressé, séance tenante, et laissé à chaque église, pour qu'elle ait à se *conformer*, dans le délai d'un mois, aux prescriptions qu'un examen minutieux de l'état de toutes choses a pu motiver.

[1] Le *Musée chrétien du Vatican* possède plusieurs gros anneaux en cuivre doré, ciselés aux emblèmes des quatre Évangélistes, avec une pierre fausse au chaton. Ils étaient destinés à être portés pardessus des gants, le plus ordinairement en peau, ce qui explique leur grosseur ; leur date est à peu près celle de l'Inventaire. La *Revue de l'Art chrétien* (1860, p. 664) a publié un anneau de ce genre.

[2] Cuillers affectées aux navettes ou même aux burettes, car à l'offrande le sous-diacre doit mesurer et goûter l'eau avant de la mettre dans le calice.

[3] Lettres.

[4] L'Inventaire de 1618 que j'ai publié est plus explicite, car il ajoute après avoir mentionné deux *tasces d'argent doré* « pour donner l'ablution aux communiants. »

[5] La bibliothèque de Saint-Louis en garde un qui est imprimé sur *parchemyn*.

Le 16 novembre 1626, la Visite apostolique vint à Saint-Louis-des-Français. L'évêque de Belcastro, au diocèse de Naples, en était secrétaire. Il rédigea en latin le *décret* qui va suivre et dont voici préalablement la substance.

Les pierres sacrées des autels seront élevées, *eleventur*. Raphaël, dans sa célèbre *Dispute du Saint-Sacrement,* représente un autel où la pierre sacrée *fait saillie* sous la nappe qui l'enveloppe. — Elles seront couvertes de toiles cirées, par respect pour les onctions saintes et pour éviter tout frottement sur l'empreinte du sceau qui authentique les reliques du sépulcre. Semblable toile est exigée pour un autel entièrement consacré. Ces pierres ne doivent pas être encadrées d'un châssis de bois, mais prises dans la masse même de l'autel.

Le gradin de l'autel n'est que toléré. Qu'il ne couvre pas trop l'autel. Dans les principales basiliques, ce gradin est complètement inconnu, et ailleurs, où on l'emploie, les deux chandeliers qui sont allumés aux messes basses sont posés sur l'autel même, non sur le gradin, comme pour conserver au moins, dans l'acte liturgique par excellence, un vestige d'un usage battu en brêche par l'emploi d'un gradin anormal et sans raison d'être, sinon pour ces superfétations de papier et de je ne sais quoi dont certaines personnes croient *orner* les autels.

On demande un *chancel* pour clore la chapelle de Saint-Remy, dont les fresques, dues aux pinceaux de trois maîtres : Pèlerin Tibaldi de Bologne, Jérôme Siciolante de Sermonetta et Jacques del Conte de Florence, attirent l'attention par leur mérite et la détérioration à laquelle la pluie les expose [1].

---

[1] V. *Notice sur l'état de Saint-Louis-des-Français, au XVIIe siècle,* p. 92-94.

Prenons modèle sur Rome, et, par une sage prévoyance, évitons ces infiltrations d'eau qui à la longue ruinent les édifices les mieux construits, salissent les murs et font tomber par écailles les fresques qui les couvrent.

Un pavillon de soie est exigé pour les fonts baptismaux, que deux clefs, remises au seul curé, comme en ayant seul l'usage, doivent tenir constamment fermées.

Des copies des charges de la sacristie et des chapelles sont demandées, afin d'en assurer l'exécution, car alors [1], et maintenant encore, que de fondations radicalement modifiées ou même inacquittées !

Le confesseur aura dans son confessionnal toujours présente la Bulle *Cœnæ Domini*, qui statue sur les excommunications et les cas réservés au Pontife Romain.

Un registre mortuaire indiquera les noms et les qualités des défunts, inhumés dans l'église même de Saint-Louis. Un inventaire rendra compte de tout le mobilier, et les livres des comptes seront remis au vérificateur de la Visite apostolique. Enfin les constitutions de Saint-Louis existeront en double ; une restera à l'établissement et l'autre entrera dans le dossier des Visiteurs.

L'établissement de Saint-Louis est un palais vaste, somptueux, situé au centre de la ville. Il suffisait autrefois à l'ambassadeur de France, au clergé de l'église nationale, aux pèlerins de l'hospice et aux malades de l'hôpital. Dès 1626, plainte était portée sur *l'insalubrité* et *l'humidité* du local affecté aux hommes. Que dirait maintenant la Visite aposto-

---

[1] V. *Notice*, p. 18-19. — « Clemens sa. me. XII voluit in ecclesiis tabellam appendi in qua onera omnium legatorum describerentur, actus adnotarentur fundationis, locus in quo sacrum esset peragendum, uti refert Benedictus XIV in opere de Synodo diœcesana, ⸋ ult. item S. Congregatio in Usellen., 22 augusti 1814. » (*Analecta juris pontificii*, 1861, col. 615.)

lique, si son droit de surveillance s'exerçait encore sur la maison de Saint-Louis? Plus d'hospice, plus d'hôpital, plus de pèlerins, plus de mendiants, plus de rosières : l'ambassadeur loge dans un palais pris à loyer, le clergé de Saint-Louis habite l'entresol de son propre palais, que des individus de toute sorte et de toute classe occupent à titre de locataires, après l'avoir morcelé, divisé, approprié à leurs besoins personnels.

J'aurais encore un mot à ajouter sur la disposition et le vocable des chapelles dont parle le procès-verbal de la Visite, s'il n'en avait été question ailleurs[1].

Je cite maintenant textuellement le décret, écrit et signé de la main de l'Évêque de Belcastro sur une feuille volante :

Pro venerabili Ecclesia et hospitali sᵗⁱ Ludovicj Nationis Gallicanæ die 16 nouembris 1626 fuit decretum ut infra.

Lapides omnium altarium mensis inserti eleventur ita ut possint a celebrante dignosci ac tela cerata tegantur.

In capella majori. — Mensa altaris, cùm sit tota marmorea consecrata, tela cerata stragula tegatur.

In capella Sᵐᵐ Nativitatis D̄n̄i N̄r̄i Jesu X̄p̄i. — Scabellum super quo candelabra apponuntur, cum sit valde latum, aptetur ita ut altaris mensa quantò minùs fieri potest, occupetur.

In capella Sᵗⁱ Remigij. — Provideatur a parte superiori ne aquâ pluviæ picturæ diluantur et ad id peritorum adhibeatur consilium. Apponantur cancelli saltem ex ligno nucis.

In capella Sᵗⁱ Andreæ. — Lapis sacer cùm sit nimis angustus et coronide lignea circumdatus et alter inseratur ad formam et tela cerata tegatur.

In capella Sᵗⁱ Joannis Baptistæ. — Icona in partibus consumptis reaptetur. Fons baptismalis serico papilione tegatur et claudatur duabus clavibus quæ penes curatum, non autem penes alium, conserventur.

[1] V. *Notice*, p. 18.

In capella S^{mi} Crucifixi et S^{ti} Caroli.—Detur copia legati bo. me. [1]. Benigni Buisson ad effectum deliberandi quid pro ejus animæ refrigerio sit statuendum.

Ad confessionalia. — Apponantur litteræ in Bulla Cœnæ Domini.

In sacristia.—Detur copia tabellæ onerum incumbentium ecclesiæ et sacristiæ [2] simul cum tabella ejus ad quod tenentur cantores. Liber mortuorum in futurum habeatur ità ut si quandoque contingat decedere aliquem, cujus nomen ignoratur, describantur saltem personæ qualitates.

Detur copia inventarij totius sacræ suppellectilis tam sericæ quàm 22 argenteæ.

Dentur etiam constitutiones tam hospitalis quam ecclesiæ.

In domibus rectorum et capellanorum — Nihil reprehensione dignum fuit repertum.

In hospitali—Cùm mansio, in quâ peregrini masculi recipiuntur, sit in primâ terreni planitie et ob id fere semper humiditas mandeat, monentur Domini Rectores et Gubernatores ut hospitalitatem in loco aptiori transferant vel hunc locum aptent ità ut peregrini in eo commode recipi possint.

Libri reddituum, qui de præsenti in Archivio conservantur, dentur in manibus D̅n̅j Andreæ Burgiotti Sacræ Visitationis Ratiocinatoris.

Exequantur intrà mensem sub pœnis arbitrio.
A E̅p̅u̅s Bellicastrensis S. V. S[.] [3].

III.

L'inventaire de la chapelle-annexe de Saint-Sauveur n'a évidemment qu'une importance secondaire, quand on le compare à celui qui vient d'être publié. Toutefois, il montrera la

---

[1] Bonæ memoriæ. — V. sur Bénigne Buisson, prêtre du diocèse de Langres, *Notice*, p. 97.

[2] Ce tableau, dont je possède une copie et que je compte publier, a pour titre : *Calendrier des bienfaiteurs de l'église et de l'hospice de Saint-Louis.*

[3] Sacræ visitationis secretarius.

richesse mobilière d'une simple chapelle, aujourd'hui si pauvre et si délaissée.

En 1525, date du premier inventaire, la liturgie se maintenait avec les traditions du Moyen Age ; en 1649, date du second inventaire, elle avait subi des modifications radicales, par suite de la Bulle de saint Pie V et des décrets de la Congrégation des Rites. C'est à ce double point de vue qu'il faut se placer, pour constater, d'une part, la tradition sans règles fixes, de l'autre, une règle invariable, uniforme et absolue.

On sait que les couleurs liturgiques sont, selon le Missel, le blanc, le rouge, le violet, le vert et le noir.

Les étoffes sont variées. Voici leurs noms : *damas, damas à ondes, petit damas, damasquin* ou *doublet, camelot, camelot à ondes, ormezin* ou *armesin à ondes, satin, durante, cataloufe, moire, taffetas, brocatelle de Venise, raseuil de fil* ou *point froncé, brocatelle* et *toile d'argent.*

INVENTAIRE des Ornements et Meubles de la Chapelle
de Sainct Sauueur. 1649 [1].

Quatre Pauillons [2]. Le premier est de damas blanc vieil auec passement dor et soye rouge. Le second est de damas vert auec pas-

---

[1] Cet *Inventaire* n'occupe que quelques feuilles à la suite du *Calendrier des bienfaiteurs de l'église et de l'hospice de Saint-Louis.* Son format est in-8° carré ; l'écriture en est soignée et parfaitement lisible.

[2] Le *pavillon* est une espèce de housse dont on couvre le tabernacle où repose le Saint-Sacrement. Sa couleur varie, suivant les fêtes, et est toujours analogue à la couleur de la chasuble et du parement, excepté aux offices des morts, où le *violet* seul est usité. — Nous ignorons pourquoi les *Cérémoniaux* modernes s'obstinent à nommer *conopée,* d'un nom que personne ne comprend et qui n'appartient pas à notre langue, un ornement liturgique pour lequel la langue française a trouvé le terme fort convenable et expressif de *pavillon.* — V. sur l'origine et l'emploi du pavillon au Moyen Age, le *Dictionnaire raisonné du mobilier,* par M. Viollet-Leduc, qui, au mot *Tabernacle,* a élucidé son texte de curieuses vignettes.

sement et frange dor. Le troisième est de camelot violet auec passement et frange de soye. Le quatrième est de satin a fond rouge fleurs de lys jaulnes la frange dor et soye.

« Oste le pauillon de damas blanc pour ne pouuoir plus seruir. Le passem[t] a seruy a vn autre [1]. »

Plus vn calice dont la couppe et patene sont dargent et le pied de cuiure.

« On y en tient encore vn autre despuis plus 2 ans de ceux de S[t] Louys, fait ce 9 jan. 1675, au despart de Laurens Fournier. »

Plus plusieurs petits vœux [2] dargent qui sont attachez sur des tables noires.

« Plus vn pauillon de damas blanc garni de passement d'or et frange d'or et soye blanche fait en l'an 1656.

« 18 novemb. 1659. Vinet [3].

« Plus vn pauillon rouge dormezin a onde aueq galon et petite frange dor treuue en la vizite de l'an 1667. Vinet. J. Brunet. »

Chasubles.

Vne chasuble de damas vert avec la frise [4] rouge.

Plus vne chasuble de damas violet auec la frise de brocatel.

« Plus vne chasuble de damas violet a onde garnie de frange de soye violette, jeaune et blanche. »

Plus vne chasuble de damas rouge auec passement dor ou sont les armes du Sr Marcello di S[cta] Croce [5].

---

[1] Tout ce qui est ainsi mis entre guillemets appartient à une autre main que celle qui fit l'inventaire. Ces additions semblent se rapporter à l'année 1675, époque à laquelle Laurent Fournier quitta la sacristie. Or, à chaque muance de sacriste se faisait un nouvel inventaire. Cependant on trouve des additions qui datent de 1656, 1659 et 1667.

[2] *Ex-voto* disposés, comme encore de nos jours, à Rome, sur des tablettes noires que l'on append aux murs.

[3] Nom d'un sacriste que l'on rencontre souvent dans les notes de l'Inventaire de 1618, avec son collègue Brunet.

[4] Orfroi, de l'italien *frisio*.

[5] Les armes des Sancta Croce, si mes souvenirs sont exacts, se blasonnent : *parti d'or et de gueules, à la croix pattée et alésée de l'un en l'autre.* A cette époque, l'écusson se plaçait au bas du dos de la chasuble, sur l'orfroi.

Plus vne chasuble noire de durante auec le passement jeaune et turquin [1].

Plus vne chasuble de damas blanc garnie de passements dor et soye rouge.

« Plus vne chasuble de cataloufe a fleurs et fond rouge garnye de frange de soye.

« Plus vne autre de petit damas vert aueq le galon dor et petite dantelle au tour treuué en la visite de l'an 1667. Vinet. J. Brunet.

« Plus vne chasuble de durante blanc.

« Plus vne autre chasuble de mouere en fleurs auec la frise de toile dargent et galon dor. En tout numero 10. »

Bourses.

Vne bourse de damas blanc garnie de passement dor et soye rouge.

Plus vn' autre de doublet blanc.

Plus vne bourse rouge garnie de clinquan [2] dor et soye.

Plus vn' autre de camelot rouge « questa manca [3]. »

Plus vne verde de damas garnie de passement dor.

Plus vn' autre de doublet vert.

Plus vne autre bourse de damas violet garnie d'vn petit clinquant dor et soye « questa manca. »

Plus vn' autre de satin violet.

Plus vne bourse noire de camelot a ondes fort vieille.

« Plus vne autre de mouere en fleurs auec le passement dor; numero 8. »

[1] De l'italien *turchino*, bleu. Faible souvenir de la couleur précédemment en usage avec le rouge pour le deuil. Quant au jaune, sa présence s'explique par l'absence complète de blanc sur les ornements funèbres, à Rome, conformément à un décret de la S. Congrégation des Rites.

[2] V. pour la fabrication du *clinquant* au XVIIe siècle, l'ouvrage intitulé : *Essay des merveilles de nature et des nobles artifices*, par Réné François, Prédicateur du Roy. Paris, 1632, 9e édition. Chapitre xxv, *L'or battu, filé et mis en clinquant*.

[3] Ce qui signifie : *elle manque.*

Voiles [1].

Deux voiles de taffetas blanc auec la dentelle dor.

Plus vn' autre de raseuil de fil « c'est a dire de poiu froncé auec la dentelle dor. »

« Questa manca. » Plus vn voile de taffetas rouge auec sa dentelle dor.

Plus vn' autre rouge de frange de soye.

Vn violet de taffetas auec sa frange de soye.

Plus vn autre de taffetas violet frange de soye.

Plus vn voile de taffetas noir garny dun passement blanc de soye.

« Plus vn voile de taffetas vert garny d'une petite frange dor treuué en la vizite de lanné 1667. Vinet. J. Brunet. numero octo.

Deuant d'autels.

Vn deuant d'autel de damas blanc garny de passement et frange dor fort vsé.

Plus vn autre de damasquin ou doublet garny de vieux passements et frange de soye.

Plus vn parement ou deuant d'autel de damas rouge garny de passement dor et soye rouge.

Plus vn parement de damas vert garny de passement et frange dor et soye.

« Plus un parement dautel darmesin violet a onde garny de passement et frange de soye verte jeaune et violete. »

Plus vn autre parement de damas violet garny de passemen et frange dor.

Plus vn petit pulpite de bois peint [2].

Plus vn petit sceau de cuiure pour lauer les mains.

« Vn deuant d'autel de satin blanc couuert de petites fleurs verdes et rouges garni de clinquant d'or auec frange dor et soye.

---

[1] On remarquera qu'il n'est question ni de croix ni de broderies sur ces voiles, dont on couvre, à Rome, le calice, et que l'on n'étale pas, comme en France, seulement à la partie antérieure. Or, pour que le voile soit souple et retombe également de chaque côté, on le fait le plus simple possible, même sans doublure.

[2] Servant sans doute d'appui au Missel.

Plus trois vieux torchers de fer quj seruent pour les chandellettes qu'on allume [1]. « De ces torchiers il ne s'en treuue que deux. »

Plus vn bocal de fer blanc pour mettre l'huille.

Plus quatre agenouilloirs de bois [2].

Plus vn lampadaure de fer doré et au dessus une couronne imperiale aussy dorée auec trois petites lampes de cuiure.

Plus trois coppole [3] pour mettre devant l'image de la Vierge, l'vne est de satin rouge l'autre d'estoffe violette. Et l'autre de toille dargent blanche.

Plus vn tableau fort vieux de Nostre Seigneur pourtant sa croix.

Plus vn crucifix de bois auec son voile fort vieux et vsé.

Plus vn tableau de la sainte Vierge quy est a la chappelle de la sainte Vierge.

Plus trois clochettes vne grosse quy sert pour sonner la Messe et les autres deux petites vne desq^{lles} est attachee a la chapelle de Nostre-Dame.

Plus vne grande armoire auec quatre serrures et clefs.

Plus une caisse longue et estroitte pour mettre les deuant d'autels.

Plus vn vieux coffre de noyer auec sa serrure et clef.

Plus vn petit oratoire de bois à la sacristie.

Plus vn tableau de sainct Isidore auec sa cornice doree.

Plus vn petit vieux tableau de sainct François.

Plus trois cassettes de bois a mettre les aumosnes.

Plus vn petit tableau carré de Nostre-Dame sur de bois tenant Nostre Seigneur.

Plus vne pradelle [4] de bois doree en quelques endrois auec fleurs de lys sur quoy on pose le tabernacle et les chandelliers.

Plus vn marche pied deuant le grand autel.

---

[1] Chandelettes allumées par la dévotion des fidèles devant l'image du saint Sauveur, autrefois en grande vénération.

[2] A Rome, il n'y a pas de chaises dans les églises, mais simplement quelques agenouilloirs de bois devant les autels ou les images qui attirent le plus les fidèles.

[3] Voiles. On couvre ainsi une grande partie de l'année les images les plus vénérées pour ne les montrer qu'à certains jours et certaines fêtes.

[4] De l'italien, *pradella*, gradin.

Plus vne carta gloria [1] pour le grand autel.

Plus vne grande table a la sacristie pour habiller les Pb̄res.

Plus deulx grands tableaux aux deux costez du grand autel, vn est de sainct Louis et l'autre de Clouis [2].

Plus vn tableau dans la sacristie de Nostre-Dame et des deux saincts Jeans auec sa cournice conuerte de fleurs de lys.

Plus trois petits palliottes [3] blancs pour le petit autel de Nostre-Dame.

Plus deux credences vne blanche de satin et l'autre bleue. « Cette bleue manqe. 9 jan. 1675 ».

Plus deux rideaux de toile denant le trelis de fer pour entrer dans la sacristie.

« Vn deuant d'autel d'armesin ondé violet et garni de passement et frange de soye blanche et violette et rouge auec vne chasuble de mesme, donné par vn Lorain [4] en l'an 1653.

« Plus vne chasuble rouge brocatelle de Venise garnie de passement de soye de plusieurs couleurs, novemb. 1659, Vinet.

« Cette chasuble ne se trouue. fait au despart de Laurent Fournier, 9 jan. 1675. Il y a encore vne chasuble de satin en fleurs laissee par feu frere Jacques [5] auec la bourse de mesme. De plus vn voile de la sacristie de sainct Louys en facon de tapisserie tout de soye de diuerses couleurs seruant pour la couleur blanche, ce 9 januier 1675. »

---

[1] Cartons que l'on place sur l'autel pendant le temps de la Messe et qui renferment le *Gloria*, le *Credo* et autres prières.

[2] Ces deux grands tableaux, peints sur toile, sont maintenant dans la galerie de Saint-Louis-des-Français.

[3] Parements, en italien *palliotti*.

[4] Les *Lorrains* possèdent à Rome une charmante église, dont Mgr Lacroix a publié l'histoire et la description, en 1854.

[5] Frère Jacques était sous-sacriste à l'époque où la *Congrégation de l'Oratoire* desservait Saint-Louis-des-Français.

Arras, typ. Rousseau-Leroy.

REVUE DE L'ART CHRÉTIEN

Depuis le mois de janvier 1860, la *Revue de l'Art Chrétien* a été notablement améliorée sous le rapport de la qualité du papier, de la beauté des caractères et du nombre des gravures sur cuivre et sur bois. Son format est augmenté de huit pages par numéro. Ces diverses modifications devant imposer aux éditeurs un surcroît de dépenses, le prix de l'abonnement a été élevé à 15 fr. pour la France et à 17 fr. pour l'Étranger.

Cette Revue, consacrée à l'étude de l'Art Chrétien de toutes les époques et de tous les pays, a été fondée en janvier 1857, sous le patronage de vingt et un prélats de France, de Belgique et d'Angleterre. Les quatre volumes parus contiennent 8 gravures sur cuivre, 15 chromolithographies, 12 lithographies, 14 grandes gravures sur bois tirées hors texte et 426 vignettes insérées dans le texte.

L'*Univers*, l'*Ami de la Religion*, l'*Union*, la *Gazette de France*, le *Journal de Bruxelles*, le *Correspondant*, la *Revue contemporaine*, la *Bibliographie catholique*, le *Messager de la Charité*, la *Revue archéologique*, la *Revue Catholique de Louvain*, et un grand nombre d'autres journaux de France, de Belgique, d'Allemagne, d'Angleterre, d'Italie, d'Espagne, etc. ont vivement recommandé ce recueil mensuel, qui s'adresse non-seulement aux archéologues et aux artistes, mais aussi aux ecclésiastiques, qui doivent surveiller la construction, la réparation et l'ameublement des églises, et aux hommes du monde qui ne veulent point rester étrangers à une science qui tend de plus en plus à s'universaliser.

Un bon nombre d'abonnés, peu familiarisés encore avec l'archéologie, avaient exprimé le désir de voir publier dans la *Revue* une série d'articles élémentaires sur l'histoire de l'architecture, de la sculpture, de la peinture et de l'orfévrerie au Moyen Age. Ce vœu est exaucé depuis 1860.

Arras. — Typographie Rousseau-Leroy, rue Saint-Maurice, 26.